### 바른 역사를 펴내는 데 길잡이가 되어 주신 분들

**추천감수 양정석** (현 수원대학교 사학과 교수)
고려대학교 사학과를 졸업하고 같은 학교 대학원을 졸업했습니다. 발굴 조사 성과를 바탕으로 고대 도성제와 대형 사원과의 관계를 연구하고 있습니다. 송광사 성보 박물관 선임연구원, 용인시 문화재 전문위원을 지냈으며, 현재 수원대학교 사학과 교수로 활동하고 있습니다. 주요 논문으로는 《신라 황룡사·북위 영녕사 그리고 일본 대관대사》, 《신라 궁궐구조에 대한 시론》 등이 있으며, 주요 저서로는 《황룡사의 조영과 왕권》, 《한국 고대 정전의 계보와 도성제》 등이 있습니다.

**추천감수 박대재** (현 고려대학교 한국사학과 교수·전 국사편찬위원회 편사 연구사)
고려대학교 한국사학과를 졸업하고 같은 학교 대학원 사학과를 졸업했습니다. 고조선, 부여, 삼한 등 한국 상고사를 연구하고 있습니다. 공군사관학교 역사철학과 교수요원, 미국 남가주대학교(USC) 한국학연구소 객원연구원, 국사편찬위원회 편사 연구사를 지냈으며, 현재 고려대학교 한국사학과 교수, 한국사연구회 편집이사로 활동하고 있습니다. 주요 저서로는 《의식과 전쟁-고대 국가를 바라보는 새로운 시각》, 《고대한국 초기국가의 왕과 전쟁》 등이 있습니다.

**추천감수 박남수** (현 국사편찬위원회 편사 연구관·동국대학교 사학과 겸임교수)
동국대학교 사학과를 졸업하고 같은 학교 대학원 사학과에서 한국 고대사를 전공했습니다. 한국 고대 사회경제사 및 정치사를 연구했습니다. 현재 국사편찬위원회 편사 연구관 및 동국대학교 사학과 겸임교수로 활동하고 있습니다. 주요 논문으로는 《신라 화백회의의 기능과 성격》, 《김대성의 불국사 조영과 그 경제적 기반》, 《삼국의 경제와 교역활동》, 《8~9세기 한·중·일 교역과 장보고의 경제적 기반》, 《고구려 조세제와 민호편제》, 《통일신라의 대일교역과 애장왕대 교빙결호》 등이 있으며 신서원의 《신라수공업사》를 저술했습니다.

**추천감수 임상선** (현 동북아역사재단 연구위원)
동국대학교 역사교육학과와 한국정신문화연구원 한국학대학원을 졸업했습니다. 발해의 역사와 문화, 동북아의 교과서와 역사분쟁을 연구했습니다. 서울시립미술관 및 서울역사박물관 전문위원에 이어 현재 동북아역사재단 연구위원으로 활동하고 있습니다. 주요 논문으로는 《발해 천도에 대한 고찰》, 《발해의 왕위계승》, 《'발해인' 이광현과 그의 도교서 검토》, 《발해의 도성체제와 그 특징》, 《중국학계의 발해·고구려 역사연구 비교》 등이 있으며 신서원의 《발해의 지배세력 연구》를 저술했습니다.

### 어려운 역사를 흥미로운 동화로 꾸며 주신 분들

**글 우리역사연구회**
중국과 일본 등 주변의 여러 나라들이 역사를 왜곡하고 있습니다. 우리가 우리의 역사를 잊어버리거나 바로 알지 못할 때 우리의 역사를 도둑맞게 됩니다. 우리 아이들에게 올바른 역사 인식과 역사관을 심어 주고, 역사 공부와 통합 논술 준비에 도움이 되는 책을 만들고자 우리역사연구회라는 이름으로 뜻을 모았습니다.
**기획 및 편집** 류일윤, 이인영, 김근주, 장혜미, 장도상, 하순영 **역사연구원** 이승민, 민정현, 김설아, 허보현, 최연숙 **논술연구원** 추선호, 이지선, 강지하, 김현기, 주인자, 이명숙
**동화작가** 류일윤, 강이든, 황의웅, 유우제, 정영선, 김유정, 조지현, 김광원, 이지혜, 조은비, 박설아, 박지선, 이승진, 김진숙, 김경선, 김명수, 한희란, 김미선, 한화주

**그림 김명환**
부산대학교 미술학과에서 한국화를 전공하고 홍익대학교 영상대학원에 재학 중입니다. 다양한 게임 콘셉 아트와 홍보용 일러스트레이션을 진행했으며 (주)액토즈소프트에서 아트 디렉터로 활동하고 있습니다. 주요 작품으로는 '시아 온라인', '트라비아 온라인', '메틴 온라인', '배틀마린 온라인' 등이 있으며 《국내 최정상 페인터 대가 10인의 작품 노트》 공저를 썼습니다. 그 밖에도 서울문화사 만화, 재능교육 수학 학습 교재 만화, 한양대학교 영어 교재 삽화, 소설 표지 일러스트레이션 등 여러 분야에서 활발한 활동을 하고 있습니다.

## 대무신왕 위대한 전쟁의 신

**1판 1쇄 인쇄** 2014년 2월 **1판 1쇄 발행** 2014년 2월
**기획 및 편집** 류일윤, 이인영, 김근주, 민정현, 김설아, 장도상, 하순영, 허보현, 이정애
**교정 교열** 박사례, 장혜미, 전희선, 최부옥, 김정희, 최효원 **논술 진행** 추선호, 이지선, 강지하
**아트디렉터** 이순영, 김영돈 **디자인** 김재욱, 김은주, 송나경, 김명희, 박미옥, 김용호, 홍성훈, design86
**펴낸이** 양기남 **펴낸곳** MLS **출판등록번호** 제406-2012-000094호 **주소** 경기도 파주시 회동길 216, 파주출판도시 문정 3층
**전화** 031-957-3434 **팩스** 031-957-3780
ISBN 978-89-98210-53-3  ISBN 978-89-98210-22-9 (세트)

⚠ 주의 : 본 책으로 장난을 치거나 떨어뜨리면 어린이가 다칠 위험이 있습니다. 고온 다습한 장소나 직사광선이 닿는 장소에는 보관을 피해 주십시오.

《삼국사기》 고구려본기 '대무신왕'

# 대무신왕
## 위대한 전쟁의 신

어느 쌀쌀한 겨울날 아침이었어요.
고구려 제3대 대무신왕은 북쪽 하늘을 바라보며 골똘히 생각했어요.
'고구려가 크고 강한 나라가 되려면
 북쪽에 있는 부여를 무너뜨려야 할 텐데…….'
그때, 한 신하가 헐레벌떡 뛰어왔어요.
"왕이시여, 지금 부여에서 사신이 왔습니다!"
"부여에서? 알았다."
대무신왕은 성큼성큼 왕궁 안으로 들어갔어요.

때는 20년, 대무신왕이 열다섯 살의 나이로
아버지 유리왕을 이어 왕이 된 지
3년째 되는 해였지요.

부여의 사신은 거만한 목소리로 말했어요.
"우리 부여의 대소왕께서 보내신 것이오."
사신은 대뜸 이상하게 생긴 까마귀를 쓱 내밀었어요.
그런데 까마귀가 참 이상하게 생겼지 뭐예요.
머리는 하나인데 몸은 둘이고,
깃털은 온통 붉은색이었지요.

"대소왕께서 이 까마귀를 보시고 이렇게 말씀하셨소.
'까마귀는 원래 검은색인데 붉은색이 되었고,
머리 하나에 몸이 둘이니
이는 부여가 곧 고구려를 차지한다는 뜻이다.'"

대무신왕은 싱긋 웃으며 사신에게 물었어요.

"부여가 남쪽인가, 고구려가 남쪽인가?"

"고구려요."

"예부터 검은색은 북쪽을 뜻하고 붉은색은 남쪽을 뜻한다. 까마귀가 검은색에서 붉은색이 되었고, 붉은 새는 보통 새가 아니다. 그런데 이 새를 부여가 가지지 않고 고구려에 보냈구나. **그러니 두 나라의 앞일은 알 수가 없겠다.**"

대무신왕의 말에 사신은 끽소리도 못하고 자리에서 물러났어요.

그 뒤로 부여는 한동안 고구려를 넘보지 못했어요.
하지만 대무신왕은 마음을 놓지 않았지요.
'부여는 언젠가 고구려를 칠 것이다. 그때를 대비해야 해!'
그러던 어느 날, 대무신왕은 신하를 모두 불러 모았어요.
"부여는 우리보다 군사가 많다.
하지만 군사가 많다고 전쟁에서 이기는 건 아니다.
부여가 우리를 치기 전에 우리가 먼저 부여를 친다.
지금부터 군사를 모으고 전쟁 준비를 해라!"
"예!"

21년 12월, 드디어 대무신왕은 군사를 일으켰어요.
"자랑스러운 고구려 군사들이여, 가자!
 가서 부여를 무너뜨리고 고구려 깃발을 꽂자!"
"와아아!"
둥둥!
힘찬 북소리가 온 천지에 울려 퍼졌어요.
군사들이 저벅저벅 걸을 때마다 누런 흙먼지가 피어올랐지요.
이 모습을 본 대무신왕은 가슴이 뜨겁게 벅차올랐어요.
'이제야 우리 고구려가 앞으로 나아가는구나.
내 반드시 부여를 꺾고,
고구려를 우뚝 세우리라!'

22년 2월, 고구려군은 마침내 부여 남쪽에 이르렀어요.
대무신왕은 먼저 주변을 꼼꼼히 살펴보았어요.
**그리고 진흙 웅덩이를 피해 평평한 땅으로 군사들을 이끌었어요.**
"여기서 부여군을 기다리자."

한편 부여의 대소왕은 이 소식을 듣고 펄쩍 뛰었어요.
"이것들이 감히 부여를 넘봐?
내 이놈들을 싹 쓸어버리겠다!"
대소왕은 냉큼 군사를 이끌고 달려왔어요.

부여 군사들이 진흙 웅덩이에 빠져 옴짝달싹 못하지 뭐예요.
바로 그때, 대무신왕이 큰 소리로 외쳤어요.
"지금이다! 공격해라!"
"와아아!"
고구려 군사들은 우르르 달려 나가 창칼을 사정없이 휘둘렀지요.
대무신왕은 침착하게 군사들을 이끌며 크게 소리쳤어요.
"가라! 가서 대소의 목을 베어 오너라!"

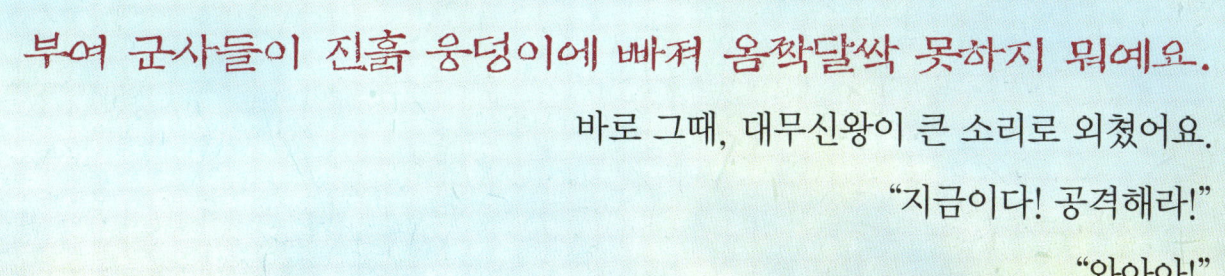

괴유 장군이 성큼 앞으로 튀어나왔어요.
"신 괴유가 대소의 목을 바치겠습니다!"
괴유 장군은 우렁차게 소리 지르며 달려 나갔어요.
부여 군사들을 차례로 쓰러뜨리며 곧장 대소왕에게 덤볐지요.
대소왕은 급히 몸을 피하려 했지만 이미 때는 늦었어요.
"부여 왕은 내 칼을 받아라!"
괴유 장군은 단번에 대소왕을 베어 버렸어요.

그런데 대소왕이 죽자 부여 군사들의 눈빛이 달라졌어요.
"대소왕께서 돌아가셨다! 대소왕의 복수를 하자!"
"와아아!"
부여군은 더욱더 이를 악물고 고구려군과 맞붙어 싸웠지요.

대무신왕은 마음이 급해졌어요.

'자칫하면 우리 군사를 모두 잃겠다.

아아, 하늘이시여. 고구려를 도와주소서!'

그때 갑자기 주위에 짙은 안개가 끼었어요.

대무신왕은 얼른 군사들에게 명령했어요.

"풀로 허수아비 군사를 만들어라!

허수아비 군사에 무기를 들려 적을 속인다!"

군사들은 재빨리 허수아비 군사를 만들어 여기저기에 세웠어요.

그리고 밤이 되자 허수아비 군사들 사이로 몰래 빠져나갔지요.

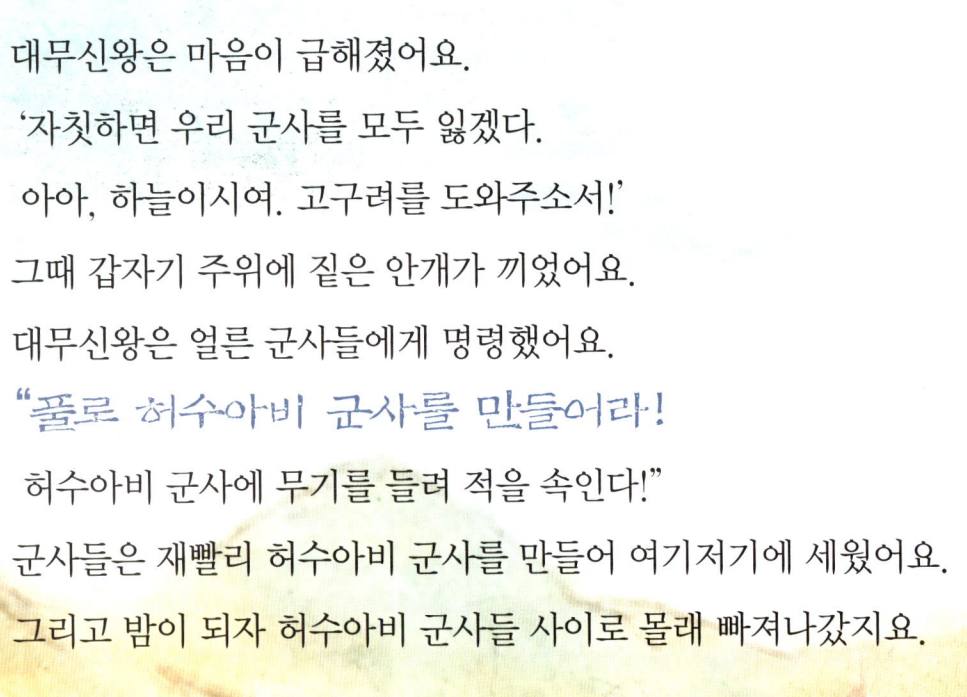

고구려로 돌아온 뒤 대무신왕은
큰 잔치를 베풀어 군사들을 위로했어요.
"비록 부여를 완전히 무너뜨리지 못했지만,
 부여의 왕을 쓰러뜨렸다. 모두 고생했도다!"
"와아아!"
군사들은 기뻐하며
대무신왕이 내린 음식과 술을 즐겼지요.

대무신왕은 전쟁에서 목숨을 잃은 군사들도 잊지 않았어요.
**남은 가족을 하나하나 찾아가 정성껏 달래 주었지요.**
고구려 귀족들과 백성은 이 모습을 보고 크게 감동했어요.
"역시 우리 왕이로다!"

대소왕이 죽자 부여는 몹시 어지러워졌어요.
대무신왕은 차분히 부여를 지켜보았어요.
'부여는 곧 스스로 무너진다. 그때를 기다리자!'
대무신왕이 생각한 대로였어요.

22년 4월에 부여 대소왕의 동생이 100여 명을 이끌고 나왔어요.
그리고 압록강 유역*으로 가서 갈사국을 세웠지요.
22년 7월에는 대소왕의 사촌이 1만여 명을 이끌고 고구려에 항복했고요.

*유역(흐를 유流, 지경 역域) 강물이 흐르는 언저리예요.

그 뒤 대무신왕은 차츰차츰 고구려 영토를 넓혀 나갔어요.
26년 10월에는 개마국을 쳐서 무너뜨렸고요.
12월에는 구다국의 항복을 받아 냈지요.

28년에 한나라가 고구려로 쳐들어오자 꾀를 써서 물리쳤어요.
32년에는 호동 왕자를 시켜 낙랑을 공격했지요.
37년에는 대무신왕이 직접 낙랑을 쳐서 무너뜨렸답니다.

대무신왕은 44년 10월에 세상을 떠날 때까지
고구려를 위해 있는 힘껏 내달렸어요.
고구려 영토를 크게 넓히고,
할아버지 동명 성왕과 아버지 유리왕의 뒤를 이어
나라의 기틀을 튼튼히 다졌지요.
대무신왕 덕분에 고구려는 600년 넘게 동북아시아를 호령하는
크고 강한 나라로 성장했답니다.

## 인물 탐구

## 총명하고 지혜로운 대무신왕

대무신왕의 어릴 때 이름은 무휼이었어요. 무휼은 동명 성왕 주몽의 손자이며, 유리왕의 셋째 아들이에요. 《삼국사기》에서는 무휼이 태어날 때부터 총명하고 지혜로웠다고 전해 와요. 무휼의 일기를 통해 어릴 때부터 남달랐던 무휼의 활약상을 알아보아요.

### 9년 8월
### 재치로 부여의 콧대를 꺾었다

내 나이 여섯 살! 부여에서 사신이 왔다.
부여 사신은 거만한 표정을 지으며 아버지에게 말했다.
"아이가 어른을 모시는 것이 당연하듯, 작은 나라는 큰 나라를 섬겨야 합니다. 고구려는 작은 나라이고 부여는 큰 나라이니, 고구려가 부여를 섬겨야 하지 않겠소?"
고구려는 세워진 지 얼마 되지 않아 아직 나라의 힘이 부여보다 강하지 못했다.
아버지는 지금 부여에 맞서는 것은 위험하다고 생각하신 듯, 아무 말씀도 못 하셨다.
그 순간, 내 머릿속에서 재치 있는 대답이 떠올랐다.

쌓아 놓은 알은 부여를 뜻하고, 알이 허물어진다는 것은 부여의 위험을 나타낸다.
즉 고구려를 자꾸 넘보는 일은 부여를 위태롭게 만드는 일이기도 하니,
부여를 잘 다스리는 데나 신경 쓰라고 따끔하게 말한 것이다.

### 13년 11월
## 부여군을 크게 물리쳤다

내 나이 열 살! 부여군이 고구려로 쳐들어왔다.
아버지는 내게 군사를 주며 부여군과 싸우라고 말씀하셨다.
적은 군사로 부여군을 물리치기 위해서는 멋진 작전이 필요했다.
나는 미리 산골짜기에 군사를 숨겨 두었다. 그리고 부여군이 깊숙이 들어올 때까지 기다렸다가 갑자기 공격을 퍼부었다. 깜짝 놀란 부여군은 말과 무기를 버리고 정신없이 도망쳤다.
나는 군사를 풀어 산으로 도망친 부여군을 모두 없앴다. 고구려의 대승리였다!

### 18년 10월
## 고구려 제3대 왕이 되었다

14년 정월, 내 나이 열한 살!
나는 고구려의 태자가 되었다.
아버지를 도와 군사와 나랏일을 돌보기 시작했다.

18년 10월, 내 나이 열다섯 살!
아버지의 뒤를 이어 고구려 제3대 왕이 되었다.
나는 앞으로 고구려를 크고 강한 나라로
차근차근 키워 나갈 것이다.

# 고구려 영토를 크게 넓힌 대무신왕

무휼은 왕위에 오른 다음, 영토를 넓히는 데 많은 힘을 기울였어요. 고구려를 넘보는 부여의 기를 꺾었고, 개마국과 구다국, 낙랑 등을 손에 넣었지요. 또 고구려에 쳐들어온 한나라군도 멋지게 물리쳤답니다. 무휼의 노력과 업적 덕분에 고구려는 더욱 강하고 큰 나라로 성장할 수 있었어요.

## 고구려의 영토를 넓히다

대무신왕은 21년에 부여를 공격했어요. 고구려는 이때 부여 대소왕의 목을 베고, 부여의 기를 꺾어 놓았지요. 대무신왕은 나라 안을 보살피면서 차근차근 밖으로 힘을 뻗쳤어요. 26년 10월, 직접 군사를 거느리고 개마국을 무너뜨렸고요. 12월에는 구다국이 스스로 고구려에 나라를 바쳤어요.

개마국 / 구다국

- 성안의 연못에서 잉어를 잡아다 맛 좋은 술과 함께 한나라 군대로 보내십시오.
- 오호! 성안에 먹을 것이 넘쳐 나는 것처럼 보이게 하자는 말이군!
- 좀 있으면 알아서 항복할 거야!

## 지혜로 한나라군을 물리치다

28년 7월, 한나라가 고구려로 쳐들어왔어요. 대무신왕은 위나암성으로 들어가 한나라와 맞섰어요. 수십 일이 지났지만 한나라군은 물러날 생각을 하지 않았어요. 성 안에는 점점 먹을 것이 떨어졌고, 군사들도 힘을 잃어 갔지요. 고민하던 대무신왕은 을두지라는 신하의 도움을 얻어 지혜로써 한나라군을 돌아가게 만들었답니다.

## 대무신왕으로 기억되다

32년, 대무신왕의 명으로 호동 왕자가 낙랑을 공격해 낙랑 왕의 항복을 받아 냈어요. 또 37년에는 대무신왕이 직접 낙랑을 무너뜨려 영토를 넓혔어요.*
'대무신왕(큰 대大, 호반 무武, 정신 신神, 임금 왕王)'이라는 이름은 대무신왕이 세상을 떠난 뒤, 고구려 사람들이 바친 거예요. 위대한 전쟁의 신이라는 뜻으로, 무휼을 향한 존경과 감사가 담겨 있답니다.

* 고구려는 안타깝게도 44년에 낙랑을 후한에 빼앗겼어요. 하지만 낙랑은 고구려 제15대 미천왕 때에 완전히 고구려 땅이 된답니다.

고구려

### 대무신왕 주요 연보
- 18년 고구려 제3대 왕으로 즉위함.
- 22년 부여를 공격하고 부여 대소왕을 없앰.
- 26년 개마국과 구다국을 차지함.
- 28년 한나라 요동 태수의 공격을 막아 냄.
- 37년 낙랑을 무너뜨림.
- 44년 41세의 나이로 세상을 떠남.

## 호기심 탐구

**당시 고구려와 부여는 왜 서로 사이가 나빴나요?**

무휼의 할아버지이자 고구려 시조 동명 성왕은 본래 부여의 왕자였으나, 대소와 다른 왕자들의 위협을 피해 부여를 나와 고구려를 세웠지요. 부여는 고구려가 부여에서 갈라져 나온 나라니까, 마땅히 부여를 섬겨야 한다고 생각했어요. 반대로 고구려는 나라를 크게 키우려면 먼저 부여를 꺾어야 했고요. 이처럼 부여와 고구려는 서로 아옹다옹 다툴 수밖에 없는 사이였답니다.

**대무신왕은 영토를 넓히는 일 말고 또 어떤 일을 했나요?**

대무신왕은 밖으로 영토를 넓히는 데 힘쓰면서 안으로 동명 성왕의 묘를 세우고, 좌보·우보의 관직 제도를 다듬는 등 나라의 기반을 꼼꼼히 다졌어요. 대무신왕은 동명 성왕과 유리왕에 이어 고구려가 나라의 꼴을 갖출 수 있도록 기틀을 마련했답니다.

### 일러두기

- 맞춤법, 띄어쓰기는 국립국어원에서 펴낸 《표준국어대사전》을 기준으로 삼았습니다.
  단, 역사 용어의 표기와 띄어쓰기는 교육인적자원부에서 펴낸 《교과서 편수 자료》를 따르되,
  어려운 용어는 쉽게 풀어 썼습니다.
- 학계에서 논의가 끝나지 않은 사안에 대해서는 감수위원의 의견과
  학계에서 인정하는 사료 및 금석문의 기록을 참고하여 반영하였습니다.
- 외국 인명, 지명은 국립국어원의 《외래어 표기 용례집》을 따랐습니다.
  단, 일반적으로 사용하는 우리음 표기도 썼습니다.
- 연도는 1895년 태양력 사용을 기점으로 이전은 음력으로 표기했습니다.
- 이 책에 사용한 사진은 관련 기관의 허락을 받아 게재했습니다.
  저작권자와 초상권자를 찾지 못한 일부 사진은 확인되는 대로 허락을 받겠습니다.